1868 (Novembre 12-14) Delacroix. Page 9

Collection de M. D. Leclère, ancien Expert.

DEUXIÈME VENTE

CATALOGUE

DES

ESTAMPES

ANCIENNES ET MODERNES

LITHOGRAPHIES

PAR

Charlet, Géricault, Bonington, Decamps, Raffet, Bellangé, Daumier, Ary Scheffer, Johannot, Léopold Robert, Carle et Horace Vernet, etc., etc.,

LA MAJEURE PARTIE DE

L'ŒUVRE DE GAVARNI

Eaux-Fortes et Photographies, Caricatures
Costumes de Modes, etc.

CETTE VENTE AURA LIEU

HOTEL DES COMMISSAIRES-PRISEURS

Rue Drouot, 5

SALLE Nº 4, AU PREMIER ÉTAGE

Les 12, 13 et 14 Novembre 1868

A DEUX HEURES PRÉCISES

Par le ministère de Me **J. BOULLAND,** Commissaire-Priseur,
rue Neuve-des-Petits-Champs, 26,

Et de Me **BRICOUT,** Commissaire-Priseur, passage Saulnier, 14.

Assistés de M. **BLAISOT,** Doyen des Experts de la Chambre des Commissaires-Priseurs, rue de Rivoli, 178.

Chez lesquels se distribue ce Catalogue.

PARIS — 1868

RENOU & MAULDE

IMPRIMEURS DE LA COMPAGNIE DES COMMISSAIRES-PRISEUR

Rue de Rivoli, 144.

Collection de M. D. Leclère, ancien Expert.

DEUXIÈME VENTE

CATALOGUE

DES

ESTAMPES

ANCIENNES ET MODERNES

LITHOGRAPHIES

PAR

Charlet, Géricault, Bonington, Decamps, Raffet, Bellangé, Daumier, Ary Scheffer, Johannot, Léopold Robert, Carle et Horace Vernet, etc., etc.,

LA MAJEURE PARTIE DE

L'ŒUVRE DE GAVARNI

Eaux-Fortes et Photographies, Caricatures
Costumes de Modes, etc.

CETTE VENTE AURA LIEU

HOTEL DES COMMISSAIRES-PRISEURS

Rue Drouot, 5

SALLE N° 4, AU PREMIER ÉTAGE

Les 12, 13 et 14 Novembre 1868

A DEUX HEURES PRÉCISES

Par le ministère de Me **J. BOULLAND,** Commissaire-Priseur,
rue Neuve-des-Petits-Champs, 26,

Et de Me **BRICOUT**, Commissaire-Priseur, passage Saulnier, 14.

Assistés de M. **BLAISOT,** Doyen des Experts de la Chambre
des Commissaires-Priseurs, rue de Rivoli, 178.

Chez lesquels se distribue ce Catalogue.

PARIS — 1868

CONDITIONS DE LA VENTE

Elle sera faite au comptant.

Les Acquéreurs paieront, en sus des adjudications, CINQ POUR CENT, applicables aux frais.

L'ordre numérique du Catalogue sera suivi.

Le fonds de commerce de notre confrère D. LECLÈRE (dont nous allons vendre la deuxième partie), était composé d'un si grand nombre de Tableaux, de Dessins, d'Estampes, de Lithographies, de Planches gravées et de Pierres lithographiées, qu'il ne nous a pas été possible (le temps nous ayant manqué) d'en rédiger une notice complète. Nous venons donc prier MM. les Amateurs, les Artistes et les Commerçants, de nous venir en aide au jour de la Vente. Presque tous ils ont connu, et presque tous aussi ont eu de bonnes relations avec notre confrère. Ils savent avec quel soin, avec quel ordre, disons-le, avec quel amour il avait collectionné et classé toutes ces Lithographies, Eaux-Fortes et Gravures sur bois, les œuvres de Carle et Horace Vernet, Géricault, Léopold-Robert, Ary Scheffer, Charlet, Gavarni, Lemud, Bellangé, Bonnington,

Johannot, Raffet, etc. Chacun sait encore que, depuis longtemps, il s'occupait d'un travail sur Gavarni, et qu'il se proposait de publier le catalogue de son œuvre, dont il possédait la majeure partie. Nous appelons l'attention de MM. les Amateurs et Marchands, sur l'importance et la rareté de certaines pièces séries d'épreuves avant la lettre et sur papier de Chine. Quant aux lithographies par Charlet et par d'autres Artistes, notre confrère en possédait un très-grand nombre; beaucoup sont rares et belles; elles seront vendues en lots qui pourront être divisés.

B. B.

DÉSIGNATION

1 **Bacler d'Albe**. Promenades pittoresques dans Paris et ses environs. — Souvenir du Musée des monuments français. Environ 100 lithographies avec texte.

2 **Baron** (par et d'ap.). 70 pièces lithographiées et gravées.

3 **Baron**, **Papety**, **Garneray**, **Couture** et **Hamon**, (par et d'ap.). 100 pièces lithographiées et gravées.

4 **Baudouin**, **Oudry**, **Coypel** et **Lemoine** (d'ap.). 77 pièces.

5 **E. de Beaumont**. Au Bal masqué. — Dialogues parisiens, etc. 90 pièces lithographiées.

6 — Caricatures. 450 pièces avec texte au *verso*.
(Cet article sera divisé en 2 lots.)

7 **Hippolyte Bellangé**. Sujets et Costumes militaires. — Scènes villageoises. — Croquis, etc. 325 pièces lithographiées, dont plusieurs sur papier de chine et coloriées.
(Cet article sera divisé en 5 lots.)

8 **Bellangé** et **Baron** (d'ap.). Gravures sur acier et sur bois, pour illustrer le voyage d'Egypte et autres ouvrages. — Costumes militaires, etc. Environ 100 pièces.

9 **Bellangé**, **Gustave Doré** et **Victor Adam**. 25 pièces.

10 **Bellangé**, **Raffet** et **Léon Cogniet** (par et d'ap.). 43 pièces gravées et lithographiées.

11 **Berghem**, **Ostade**, **Rembrandt**, **Téniers**, et autres (par et d'ap.). 520 pièces.
(Cet article sera divisé en 2 lots.)

12 **Bloëmart**, **Della Bella**, **Bernard Picart** et **Flamen**. Environ 150 pièces.

13 **Bodmer** et **Karl**. 24 pièces, la plupart gravées à l'eau-forte et publiées à Bruxelles.

14 **Louis Boilly**. Sujets et portraits. — 70 pièces.

15 **L. Boilly** (par et d'ap.). Scènes d'intérieur et Sujets gracieux. — 38 pièces gravées et lithographiées.

16 **L. Boilly**, **Leprince**, **Oudry**, **Boucher** et **Shall**. 60 pièces.

17 **Bonnington**. 25 pièces lithographiées par ce maître pour différents ouvrages.

18 **Bonnington** (par et d'ap.). 81 pièces lithographiées et sujets gravés par W. Reynolds et autres.
(Cet article sera divisé en 2 lots.)

19 **Bonnington** et **Devéria** (par et d'ap.). Sujets divers. 67 pièces lithographiées et gravées.

20 **Bonnington** et **Michallon**. Paysages et Vues d'Italie. 28 pièces lithographiées.

21 **Borel**, **Baudouin**, **Nattier** et **Caresme**. 69 pièces.

22 **Borel**, **Nattier**, **Cochin**, **Shall** et **Vanloo**. Les quatre Heures du jour. — La Comparaison. — Le Coucher, etc. 44 pièces.

23 **Boucher** (par et d'ap.). 70 pièces.

24 **F. Boucher** (d'ap.). Les Amants surpris. — L'agréable Leçon. — Le Départ et le Retour du courrier. — Pensent-ils au raisin. — Le Messager discret, etc. 45 pièces gravées par Gaillard, Lebas, Levasseur et autres.

25 **Boucher**, **Baudouin**, **Lemoine**, **Chardin** et **Leprince** (d'ap.). 60 pièces.

26 **Boucher**, **Eisen**, **J.-B. Huet**, **Stella**, **Bartolozzi**, **Della Bella** et autres (d'ap). Sujets d'Enfants pour l'ornement et la décoration. 1060 pièces gravées et lithographiées en noir et coloriées.
(Cet article sera divisé en 3 lots.)

27 **Boucher**, **Greuze** et **Fragonard**. Environ 150 pièces lithographiées et gravées sur bois.

28 **Boucher**, **Watteau** et **Greuze**. 88 pièces en couleur par Demarteau, Bonnet et autres.

29 **Louis Boulanger** (par et d'ap.). 71 pièces gravées et lithographiées.

30 **L. Boulanger**, **Mouilleron**, **Prout** et **Célestin Nanteuil**. 34 pièces lithographiées.

31 **L. Boulanger**, **Raffet**, **Scheffer** et **Charlet**, Portraits et Compositions diverses. 27 pièces lithographiées et gravées par Jazet, Ruhierre et autres.

32 **Bouton** et **Cicéri**. 90 pièces lithographiées.

33 **Calame**. 135 pièces gravées et lithographiées

34 **Calame**, **Julien**, **Allais** et **Massard**. Paysages, Sujets divers et Études. 27 pièces lithographiées et gravées d'ap. Paul Delaroche, Léon Cogniet et autres.

35 **Callot**, **Abraham Bosse** et **Sébastien Leclerc**, (par et d'ap.). 460 pièces.

36 **Callot**, **Natoire**, **Leprince** et **Isabey** (par et d'ap.). 60 pièces.

37 **Annibal Carrache**, **Le Dominiquin**, **Raphaël**, **J. Romain**, **Le Corrège**, **Tintoret** et **Le Parmesan** (par et d'ap.). 650 pièces.
(Cet article sera divisé en 3 lots.)

38 **Chapuis** et **Cicéri**. Vues de Paris lithographiées. 12 pièces.

39 **Charlet.** Une partie importante de l'œuvre de ce maître; Lithographies, Eaux-fortes, Croquis à la manière noire. Études à la plume. etc. 908 pièces; beaucoup sont anciennes d'épreuves et quelques-unes rares.

(Cet'article sera divisé en 20 lots.)

40 **Charlet** (d'ap.). Vignettes et Compositions pour le journal l'Artiste. — Les Chansons de Béranger. — Facsimile de l'album du comte de Rigny. — Le Mémorial de Sainte-Hélène et autres ouvrages. 200 pièces lithographiées et gravées.
(Cet article sera divisé en 2 lots.)

41 **Cicéri**, **Français**, **Enfantin**, **Calame** et **G. Doré**. 33 pièces lithographiées.

42 **Clerget**, **Cicéri**, **Grevedon** et **Férogio**. Vues diverses. — Études de figures et de paysages. 95 pièces lithographiées.

43 **Léon Cogniet** et **Th. Fragonard**. 63 pièces gravées et lithographiées.

44 **Constantin**, **Damour**, **Alès**, **Paul Girardet** et **Ransonnette**. Eaux-fortes, Vignettes anglaises et paysages. 215 pièces.

45 **Corot** et **Collignon**. 28 pièces gravées et lithographiées.

46 **Daubigny**. 90 pièces gravées et lithographiées.

47 **Daumier**. Caricatures. 240 pièces lithographiées.
(Cet article sera divisé en 3 lots.)

48 — Caricatures. 1,960 pièces lithographiées avec texte au *verso*.
(Cet article sera divisé en 10 lots.)

49 **Daumier**, **Baron**, **Cél. Nanteuil** et **Gavarni**. Environ 500 pièces gravées sur bois.

50 **David**, **Scheffer** et **H. Vernet** (d'ap.). Charles X distribuant des récompenses aux artistes. Les Enfants de Paris devant Witepsk. — Les Portraits de Napoléon, Louis-Philippe et du général Lafayette, gravés par Leroux et Jazet. 6 pièces.

51 **De Boissieu**. Sujets et Paysages, gravés à l'eau-forte, formant la majeure partie de son œuvre. 152 pièces.

52 **Debucourt**, **Levachez** et **Jazet**. 22 pièces en couleur et en noir.

53 **Decamps**. 54 pièces lithographiées et gravées par ce maître.

54 **Decamps** (d'ap.). Les Chevaux de halage au repos. Lithographie par Soulange-Teissier. (Rare.)

55 **Decamps** (par et d'ap.). Les Batailles de Mondovi et d'Aboukir. — Le Savoyard. — Le Singe cuisinier. — Le Café turc. — Le Chenil. — Sancho. — Les Joueurs de palet, etc. 151 pièces lithographiées et gravées par Prévost, Garnier et autres.
(Cet article sera divisé en 4 lots.)

56 **Alfr. De Dreux**, **Soulange-Tessier**, **Eug. Leroux** et **Aubry-Lecomte** (par et d'ap.). 29 pièces lithographiées.

57 **Eug. Delacroix** (par et d'ap.). 105 pièces gravées et lithographiées.
(Cet article sera divisé en 2 lots.)

58 **P. Delaroche** (d'ap.). 50 pièces gravées et lithographiées.

59 **Delaroche** et **Léon Cogniet** (d'ap.). 15 pièces lithographiées et gravées.

60 **Delaroche**, **Scheffer**, et **Robert-Fleury** (d'ap.). La Veuve du soldat, gravé par Girard. — Les Moissonneurs, gravé par Varin, etc. 46 pièces gravées et lithographiées.

64 **Desclaux.** Les Moissonneurs. — Les Pêcheurs, d'après Léopold Robert. 11 pièces.
(Cet article sera divisé en 2 lots.)

62 **Dessins**, Paysages, Études et Compositions diverses. Environ 90 pièces à la pierre noire et a l'aquarelle.

63 **Devéria.** Scènes familières. — Costumes. — Pièces de l'Artiste. — Vignettes pour différents ouvrages. 382 pièces lithographiées.
(Cet article sera divisé en 3 lots.)

64 **Diaz** (par et d'ap.). 117 pièces lithographiées et gravées (plusieurs sont avant la lettre et sur papier de Chine).
(Cet article sera divisé en 2 lots.)

65 **Gustave Doré.** 280 pièces gravées d'après ses dessins.

66 **Gustave Doré** et **Victor Adam**. Prise de Sébastopol, de Solférino, etc. 12 pièces lithographiées.

67 **Drevet** et **Audouin.** Les Portraits, en pied, de Louis XIV, Louis XV et Louis XVIII. 4 pièces.

68 **Henriquel Dupont**, **Meissonnier**, **Metzmacher**, **Prévost** et **Lefèvre.** Portraits de Mme Pasta, épreuve avant la lettre, d'Ambroise Tardieu, de M. Ingres; l'odalisque (plusieurs épreuves) et différents portraits et vignettes gravés sur acier et sur bois. 60 pièces.

69 **J. Dupré** (par et d'ap.). 25 pièces lithographiées.

70 **Écoles française** et **anglaise** (XVIIIe et XIXe siècles.). Caricatures et Sujets divers, en noir et en couleur. 140 pièces.

71 **Enfantin.** 55 pièces gravées et lithographiées.

72 **Études** académiques lithographiées et gravées. Environ 70 pièces.

73 **Fielding** (Newton). Différentes suites d'Études d'animaux lithographiées ou gravées à l'eau-forte par cet artiste. 210 pièces.
(Cet article sera divisé en 5 lots.)

74 **Forster**. Les Trois Grâces, d'après Raphaël. Très-belle ép. sur pap. de Chine (Elle porte l'adresse de Hauser).

75 **Forster** et **Leroux**. La Vierge au bas-relief. — La Vierge de la Maison d'Orléans. — La Vierge du Musée de Parme. 3 pièces gravées d'ap. Raphaël et Léonard de Vinci.

76 **Fortier** et **Malardot**. La grande Forêt du Brésil, etc. 7 pièces.

77 **Fragonard**, **Greuze** et **Boucher**. — Le Verrou. — Le Baiser à la dérobée. — Le Contrat. — Le Serment d'amour, etc. 43 pièces.

78 **Français** (par et d'ap.). 130 pièces lithographiées.

79 **François**, **Jazet**, **Leroux** et **B.-P. Gibbon**. Mignon et son père. — Portrait du général Lafayette et gravures anglaises. 14 pièces d'ap. Ary Scheffer, H. Vernet, Landseer et autres.

ŒUVRE DE GAVARNI

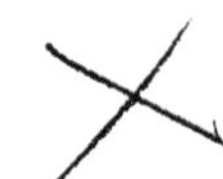

80 **Gavarni**. Les Actrices. Suite de 14 pièces.

81 — Les Actrices. — La Boîte aux lettres. — Le Carnaval à Paris. — Les Lorettes. 63 pièces.

82 — Album de l'Infini. — Les Contes de Schmidt. — 57 pièces.

83 — Les Anglais chez eux. 19 pièces (Suite complète, moins le n. 2).

84 — **Gavarni**. L'Argent. — Paris le soir. — Fourberies de femmes. 120 pièces avec texte au *verso*.

85 — L'Artiste. 57 pièces.

86 — L'Artiste. 62 pièces.

87 — Les Artistes. 15 pièces.

88 — Les Artistes. — Les Maris vengés. — Le parfait Créancier. — Clichy. 77 pièces avec texte au *verso*.

89 — Les Artistes contemporains. — Galerie d'Amateurs. — L'Abeille impériale. 23 pièces.

90 — Les Bohêmes. Suite de 20 pièces.

91 — La Boîte aux lettres. Suite de 34 pièces.

92 — La Boîte aux lettres. — Le Carnaval à Paris. — Un Couplet de Vaudeville. 65 pièces avec texte au *verso*.

93 — Le Carnaval à Paris. — Les Actrices. 49 pièces avec texte au *verso*.

94 — Le Carnaval. — Carnaval (Œuvres nouvelles). 70 pièces avec texte au *verso*.

95 — Le Chevalier de Nogaroulet. Suite de 6 pièces.

96 — Le Chevalier de Nogaroulet. Suite de 6 pièces avec texte au *verso*.

97 — Clichy. Suite de 21 pièces.

98 — Clichy. — La Boîte aux lettres. 48 pièces avec texte au *verso*.

99 — Les Contes de Schmidt. 65 pièces (plusieurs sont en double).

100 — La Correctionnelle. 46 pièces.

101 — La Correctionnelle. 85 pièces avec texte au *verso*.

102 — La Correctionnelle. 98 pièces avec texte au *verso* (plusieurs sont en double).

103 — Costumes et Sujets de fantaisie. 69 pièces en noir et coloriées, publiées par différents journaux de modes.

104 — Les Coulisses. 29 pièces.

105 — Les Coulisses. Suite de 31 pièces avec texte au *verso*.

106 **Gavarni**. Croquis et Paysages. 40 pièces.
107 — Croquis fantastiques. Suite de 6 pièces.
108 — D'après nature. 29 pièces.
109 — Les Débardeurs. Suite de 66 pièces.
110 — Les Débardeurs. 58 pièces avec texte au *verso*.
111 — Les Débardeurs. — Les Coulisses. 60 pièces avec texte au *verso*.
112 — Des Phrases. Suite de 4 pièces.
113 — Des Phrases. — La Vie de jeune homme. — Clichy. 41 pièces.
114 — L'Éclair. — Revue et Gazette musicale. — 50 pièces.
115 — L'École des parents. Suite de 10 pièces, br.
116 — Éloquence de la chair. Suite de 21 pièces avec texte au *verso*.
117 — Les Enfants terribles. Suite de 49 pièces.
118 — Les Enfants terribles. 48 pièces avec texte au *verso*.
119 — Les Enfants terribles. — Les Étudiants de Paris. 68 pièces avec texte au *verso*.
120 — Études d'Enfants. Suite de 12 pièces sur papier de Chine.
121 — Études d'Enfants. Suite de 12 pièces coloriées.
122 — Études d'Enfants. 19 pièces dont 10 coloriées.
123 — Les Étudiants de Paris. 59 pièces.
124 — Les Étudiants de Paris. — Les Enfants terribles. 43 pièces coloriées.
125 — Les Étudiants de Paris. 53 pièces avec texte au *verso*.
126 — Fantaisies. 12 pièces.
127 — Les Fashionables. Suite de 12 pièces dont 10 sur papier de Chine avant la lettre.
128 — La Foire aux Amours. Suite de 10 pièces, br.
129 — Fourberies de femmes (1re série). Suite de 12 pièces.
130 — Fourberies de femmes 2e série). Suite de 52 pièces.

131 — **Gavarni**. Fourberies de femmes (1re et 2e série). 61 pièces avec texte au *verso*.

132 — Le Foyer.— La Chanson de table. 2 pièces, épreuves sur papier de Chine.

133 — Histoire de politiquer. 29 pièces (Suite complète, moins le n. 24).

134 — Histoire du costume en France. Suite de 11 pièces avec texte au *verso*.

135 — Impressions de ménage. Suite de 36 pièces avec texte au *verso*.

136 — Impressions de ménage (2e série). Suite de 29 pièces.

137 — Impressions de ménage (2e série). Suite de 29 pièces.

138 — Les Invalides du sentiment. 29 pièces (Suite complète, moins le n. 23).

139 — Keapsake des enfants pour 1840. Suite de 12 pièces ; album br.

140 — Leçons et Conseils. Suite de 20 pièces.

141 — Leçons et Conseils. Suite de 20 pièces avec texte au *verso*.

142 — Les Lorettes. 71 pièces.

143 — Les Lorettes. 75 pièces avec texte au *verso*.

144 — Les Lorettes. — Fourberies de femmes. 67 pièces avec texte au *verso*.

145 — Les Lorettes. — Leçons et Conseils. — Impressions de ménage. 103 pièces avec texte au *verso*.

146 — Les Lorettes vieillies. Suite de 30 pièces, br.

147 — Le Manteau d'Arlequin. Suite de 12 pièces.

148 — Le Manteau d'Arlequin. Suite de 12 pièces en un album relié.

149 — Le Manteau d'Arlequin. Suite de 10 pièces, br.

150 — Les Maris me font toujours rire. — Les Parents terribles. — Histoire d'en dire deux. 39 pièces.

151 **Gavarni**. Les Maris vengés. — M. Loyal. — Transactions. — Le Dimanche. 35 pièces.

152 — Masques et Visages. 10 pièces avant la lettre, dont 6 sur papier de Chine.

153 — Masques et Visages. 73 pièces.

154 — Masques et Visages. 100 pièces avec texte au *verso*.

155 — Messieurs du feuilleton. Suite de 9 pièces broché.

156 — La Mode. — L'Abeille impériale. 61 pièces en noir et coloriées.

157 — Modes et Costumes. 120 pièces avec texte au *verso*.

158 — Le Monde dramatique. — Musée de costumes. — Le Carrousel. 64 pièces.

159 — Musée de costumes. — 56 pièces coloriées.

160 — Les Muses. — Rien n'est bien. 4 pièces.

161 — Musiciens comiques ou pittoresques. 20 pièces sur papier de Chine.

162 — Musiciens comiques ou pittoresques. — Physionomies des chanteurs. 34 pièces.

163 — Nouveaux travestissements. 16 pièces.

164 — Nouveaux travestissements. 25 pièces coloriées.

165 — Nuances du sentiment. Suite de 25 pièces.

166 — Nuances du sentiment. Suite de 25 pièces avec texte au *verso*.

167 — Nuances du sentiment. — Les petits Malheurs du bonheur. — Les Actrices. 71 pièces avec texte au *verso*.

168 — Œuvres nouvelles de Gavarni. — Portraits. 107 p. avec texte au *verso*.

169 — Le Parfait créancier. Suite de 10 pièces avec texte au *verso*.

170 — Paris. — Album de l'infini. — Jeunesse de J.-J. Rousseau. 64 pièces.

171 **Gavarni**, Les Parisiens (1re série). Suite de 12 pièces sur papier de Chine.

172 — Les Parisiens (1re série). Suite de 12 pièces sur papier de Chine.

173 — Les Parisiens (2e série). 17 pièces avant la lettre.

174 — Paris le matin. Suite de 12 pièces.

175 — Paris le matin. Suite de 12 pièces, avec texte au *verso*.

176 — Paris le matin. — Paris le soir. — Le Carnaval. 35 pièces coloriées.

177 — Paris le soir. 24 pièces.

178 — Paris le soir. — Les Artistes. — Leçons et Conseils. 92 pièces avec texte au *verso*.

179 — Les Partageuses. 39 pièces (suite complète, moins le n° 25).

180 — Petits Jeux de société. — Amours. — La Boîte aux lettres. 96 pièces.

181 — Les petits Malheurs du bonheur, Suite de 12 pièces.

182 — Physionomies des chanteurs. 17 pièces sur papier de Chine.

183 — La Politique. Suite de 9 pièces.

184 — Politique des femmes. Suite de 20 pièces.

185 — Politique des femmes. Suite de 20 pièces, avec texte au *verso*.

186 — Politique des femmes. — Paris le soir. — Les Plaisirs champêtres. — Le Dimanche. 54 pièces.

187 — Politique des femmes. — Le Carnaval. 88 pièces. avec texte au *verso*.

188 — Portraits. — Costumes de Femmes. 33 pièces.

189 — Les Propos de Thomas Vireloque. Suite de 20 pièces; br.

190 — Le Revers des médailles. Travestissements grotesques. — Types contemporains. 48 pièces.

191 — Les Rêves. Suite de 6 pièces.

192 — Revue et Gazette musicale. 47 pièces.

193 **Gavarni**, J.-J. Rousseau et Jocelyn. Suite de 12 pièces coloriées.

194 — Souvenirs du bal Chicard. Suite de 20 pièces avec texte au *verso.*

195 — Traductions en langues vulgaires. Suite de 5 pièces.

196 — Traductions en langues vulgaires. — Affiches illustrées. — Les Étudiants de Paris. — L'Éloquence de la chair. 71 pièces, avec texte au *verso.*

197 — Transactions. — Les Martyrs. — M. Loyal. — Croquis fantastiques. 77 pièces avec texte au *verso.*

198 — Un Bal à l'Opéra. — Un Souper à la Maison dorée. 2 pièces lithographiées, épreuves coloriées, plus deux copies.

199 — Un Couplet de vaudeville. Suite de 6 pièces.

200 — La Vie de jeune homme. Suite de 36 pièces.

201 — La Vie de jeune homme. — Paris le matin. — Transactions. 65 pièces, avec texte au *verso.*

202 — La Vie de jeune homme. — Impressions de ménage (2e série). 72 pièces avec texte au *verso.*

203 — Vignettes de romances avec et sans la musique. 67 pièces.

204 **Gavarni** ET **Morlon**. La Chanson de table; — les Coulisses de l'Opéra; — Scène du Cirque. 4 pièces.

205 **Gavarni** (d'après). Perles et Parures. Costumes de modes, etc. 375 pièces gravées et lithographiées, coloriées et en noir.

(Cet article sera divisé en 3 lots.)

206 — Vignettes gravées sur bois pour différents ouvrages et romans modernes. — Le Diable à Paris. — Le Juif-Errant. — Les Français peints par eux-mêmes. — Les Contes fantastiques d'Hoffman. — Les Œuvres choisies de Gavarni, publiées par Hetzel, — et un nombre considérable de pièces extraites de différents journaux et publications périodiques. — Environ 4,000 pièces

gravées sur bois. (Un certain nombre sont coloriées ou avant la lettre.)

(Cet article sera divisé en 12 lots dans le cas où il n'y aurait pas acquéreur pour la totalité.)

---

207 **Géniole** ET **Cicéri**. Sujets d'Enfants et Paysages. 24 pièces lithographiées.

208 **Géricault** (par et d'après). Études de Chevaux et compositions diverses. 145 pièces lithographiées.

(Cet article sera divisé en 2 lots.)

209 **Godefroy** et **Beisson**. Bonaparte à la Malmaison, Mirabeau à la tribune; plus diverses pièces gravées d'après les tableaux de la galerie de Versailles. 14 pièces.

210 **Goltzius**, **Martin de Vos**, **Sadeler**, **Metzu**, **Netscher** et **Terburg**. (par et d'après). Paysages et compositions diverses. 800 pièces.

(Cet article sera divisé en 4 lots.)

211 **J.-J. Grandville**. Caricatures politiques et autres, 135 pièces lithographiées, coloriées et en noir.

(Cet article sera divisé en 2 lots.)

212 **J.-J. Grandville** (d'après). Gravures sur bois pour les chansons de Béranger; les Fables de La Fontaine; les Animaux peints par eux-mêmes, etc. 525 pièces en noir et coloriées.

(Cet article sera divisé en 2 lots.)

213 **Grenier** et **Marin Lavigne**. 18 pièces, lithographies pour la vie de Napoléon d'Arnaut.

214 **J.-B. Greuze** (d'après). La Vertu chancelante. — Le Malheur imprévu, etc. 50 pièces.

215 **Gudin**, **Francia**, **Harding**, **Carle** ET **Horace Vernet** (par et d'après). Marines et Paysages. 125 pièces lithographiées.

(Cet article sera divisé en 3 lots.)

216 **Guignet** ET **J. Gigoux**. Compositions diverses. — Portraits. — Pièces de l'Artiste. 60 pièces, lithographies et eaux-fortes.

217 **Heath, Wilmore, Stocks**, et autres. Vignettes anglaises et françaises. 63 pièces.

218 **Hervier** et **Raffet**, 26 pièces lithographiées et gravées à l'eau-forte.

219 **Hubert-Robert, Sarrazin, De Boissieu, Pérignon** et **Séb. Leclerc**. Environ 350 pièces.

220 **Paul Huet, Jeanron** ET **Hervier**. 90 pièces, lithographies et eaux-fortes.

221 **Ingres**. L'Odalisque. Lithographie. (2 épreuves).

222 **Ingres** (d'après). Son portrait, par Calamatta. — Portrait de Chérubini. — L'Odalisque. — Le Sphinx. Lithographies par Sudre, et autres. 6 pièces.

223 **Eug. Isabey**. Marines, Vues diverses et Croquis. 67 pièces lithographiées.

(Cet article sera divisé en 2 lots.)

224 **E. Isabey, Guignet** ET **Léopold Robert**. 10 pièces lithographiées par Eug. Leroux, Mouilleron, etc.

225 **E. Isabey** ET **Harding** (par et d'après). Études de Marine et de Paysage. 100 pièces lithographiées et gravées.

226 **Ch. Jacque**. Paysages, Sujets d'animaux, Vignettes et Portraits. 152 pièces gravées à l'eau-forte.

227 **Jazet** ET **Maile**. Adieux d'un brave; une Ambulance, Soldat complaisant, Hussard en semestre, etc. 10 pièces d'après Bellangé, Destouches et Dubuffe.

228 **Jazet, Reynolds**, et **Ruhierre**. Le Lion de l'Atlas, le Tigre du Bengale, Portrait de Rembrandt, le président Duranti, etc. 12 pièces d'ap. H. Vernet, Delaroche et Decamps.

229 **Alf.** ET **Tony Johannot** (par et d'après). 42 pièces lithographiées.

230 **Alf.** ET **Tony Johannot** (d'après). Vignettes gravées sur bois pour le Voyage sentimental de Sterne, le Diable Boiteux, etc. 250 pièces.

231 **Joubert, Johannot** ET **Th. Donay**. Jeune Italienne, les Enfants égarés, les Orphelins, derniers Moments de Marie Stuart. 4 pièces gravées d'après A. Scheffer, Rubio, etc. Épreuves avant la lettre,

232 **Lagrénée, Aubry** et **Pillement** (d'après). Sujets et Paysages. 80 pièces.

233 **Lancret** ET **Pater**. Le Concert amoureux. — Le Maître galant. — Les Amants du bocage. — L'Après-Dînée. — La Courtisane amoureuse, etc. 48 pièces.

234 **Landon**. Trois Volumes contenant la majeure partie de la collection des *Annales du Musée*. (Tableaux du Louvre et de salons). Environ 1,000 pièces.

235 **Emile Lasalle** ET **Léon Noel**. 18 pièces lithographiées d'après Goyet, Decaisne, etc.

236 **Laugier, Collier** ET **Aubry-Lecomte**. Tête de Vierge, Sainte Madeleine, la Joconde, 4 pièces d'après Raphaël, Léonard de Vinci et Murillo.

237 **Lawreince, Fragonard, Shall, Boilly et Mme Lebrun**. La Consolation de l'absence. — Persée et Andromède. — L'Élysée. — Le premier Baiser de l'Amour. — Portrait de Mme Lebrun, etc, 45 pièces.

238 **Lebas, Duplessis-Bertaux** ET **P. Laurent**. 18 pièces relatives à l'histoire de France.

239 **Lecomte, Cousin, Blanchard, Heath** et **W. Fry**. Vignettes françaises et anglaises (plusieurs sont avant la lettre). 55 pièces.

240 **Lefèvre, Massard, Grévedon** et **Garnier**. Portraits. 30 pièces gravées et lithographiées.

241 **Lehmann, Jeanron, Ch. Jacque, Delattre**, et autres. Eaux-fortes. 110 pièces.

242 **A. de Lemud.** Hélène Adelsfreit. — Le Retour en France, etc. 6 pièces (deux sont avant la lettre sur papier de Chine).

243 **A. de Lemud** et **Anastasi.** Portraits, Vignettes et Paysages. 47 pièces lithographiées et gravées.

244 **Lepoittevin.** Diableries. 28 pièces lithographiées.

245 **Leroux**, **Reynolds** et **Ruhierre.** 24 pièces gravées et lithographiées (plusieurs sont coloriées).

246 **Claude Lorrain, Karel du Jardin, Wynants, Swanevelt** et **Paul Bril** (par et d'après). Paysages. 420 pièces.

(Cet article sera divisé en 2 lots.)

247 **Marilhat** (d'après). Pièces de l'Artiste et autres, lithographiées par Mouilleron, Eug. Leroux, etc. 60 pièces.

248 **Marilhat, E. Isabey, Ch. Jacque** et **Anastasi** (par et d'après). Paysages, Marines et Sujets divers. Environ 160 pièces gravées sur bois et lithographiées.

249 **Louis Marvy.** Paysages gravés à l'eau-forte d'après Rembrandt. 18 pièces.

250 — Paysages et compositions gravées à l'eau-forte d'après Rousseau, Cabat, Diaz, Tournemine et autres. 136 pièces (plusieurs sont avant la lettre).

251 **Mercury.** Les Moissonneurs, d'après Léopold Robert. 2 épreuves imprimées en bistre.

252 **Mercury** et **Desclaux.** 4 pièces d'après Léopold Robert.

253 **Michallon.** Paysages, 34 pièces lithographiées.

254 **Henry Monnier.** Les Grisettes. — Aujourd'hui. — Jadis. — Mœurs parisiennes. — Les Métiers. — Les Quartiers de Paris. — Vignettes et Portraits. 245 pièces lithographiées.

(Cet article sera divisé en 2 lots.)

255 **Henry Monnier** (d'après). Gravures sur bois exécutées pour différents ouvrages et publications illustrées. Environ 130 pièces.

256 **Mouilleron.** Vignettes de romances et Sujets divers. 108 pièces lithographiées.

257 **Mouilleron** et **Louis Marvy**. André Vésale. — Le Chancelier de l'Hôpital, etc. 8 pièces lithographiées et gravées.

258 **Célestin Nanteuil**. Sujets de genre. — Pièces des Artistes Contemporains et de l'Artiste. — Vignettes de romances avec et sans la musique. — Eaux-fortes par ce maitre. 291 pièces.

(Cet article sera divisé en 4 lots.)

259 **Célestin Nanteuil, Meissonnier** et **Louis Marvy.** (d'après). Vignettes et compositions pour illustrer divers ouvrages. Environ 200 pièces gravées sur bois.

260 **Pérelle**. Paysages et Vues diverses. 550 pièces (très-belles épreuves).

(Cet article sera divisé en 2 lots.)

261 **Photographies** d'après des tableaux modernes. — Études prises dans la forêt de Fontainebleau. — Statues. — Vues de Paris, etc. 570 Pièces.

(Cet article sera divisé en 13 lots.)

262 **Pigal.** Caricatures et Sujets de fantaisie. 92 pièces lithographiées, en noir et coloriées.

263 **Nicolas Poussin.** Le testament d'Eudamidas. — Fêtes à Bacchus et à Cérès. — Paysages historiques, etc. 24 pièces.

264 **N. Poussin**, **Mignard, Lebrun, Chardin** et **Bernard Picart** (par et d'après). 720 pièces.

(Cet article sera divisé en 3 lots.)

265 **Prévost** et **Jazet.** Saint Vincent de Paul. — Le Peuple arrivant à l'Hôtel-de-Ville, d'après Paul Delaroche. 2 pièces avant la lettre.

266 **Prout, Colin, C. Vernet, Français** et **Célestin Nanteuil**. 92 pièces lithographiées.

267 **Prout** et **Michallon.** Vues et paysages. 46 pièces gravées et lithographiées.

268 **Prud'hon** (attribué à). Études académiques, exécutées à la pierre noire et rehaussées de blanc sur papier bleu. 10 pièces.

269 **Prud'hon** (d'après). Le Triomphe de Napoléon. — Le Christ en croix. — Le Zéphir. — L'Assomption. — La Famille malheureuse, avant la lettre sur chine. — La Constitution. — Le Coup de patte du chat. — Têtes d'Étude. 156 pièces gravées et lithographiées.

(Cet article sera divisé en 5 lots.)

270 **Raffet.** Costumes et Scènes militaires. Compositions philosophiques et morales. — Pièces historiques. 365 pièces, formant partie de l'œuvre de ce maître; beaucoup sont anciennes d'épreuves.

(Cet article sera divisé en 7 lots.)

271 **Raffet** (d'après). Vignettes gravées par Frilley, Lefèvre, Burdet, Lacour, Revel et Nargeot, pour illustrer les Œuvres de Walter Scott, l'Histoire de la Révolution et de l'Empire, l'Histoire de France, etc. Environ 600 pièces gravées sur acier et sur bois.

(Cet article sera divisé en 3 lots.)

272 **Rambert.** Les Fléaux et la Misère de l'humanité. 23 pièces lithographiées.

273 **Rambert** et **M. Sand.** 52 pièces lithographiées et gravées.

274 **Régnier, Michelin, Clerget** et autres. Paysages et Vues diverses. 75 pièces lithographiées.

275 **Léopold Robert** (par et d'après). Lithographies et gravures. 20 pièces.

276 **Léopold Robert, Roqueplan** et **Robert-Fleury** (d'après). 45 pièces gravées et lithographiées.

277 **Robert-Fleury** (d'après). 45 pièces gravées et lithographiées.

278 **Camille Roqueplan** (par et d'après). 92 pièces lithographiées et gravées.

279 **Roqueplan** et **Scheffer** (d'après). 20 pièces lithographiées.

280 **Roqueplan**, **Raffet**, et **V. Adam** (par et d'après). Pièces du journal la Caricature, de l'Artiste. Costumes et Sujets divers. Environ 170 pièces. Lithographies et gravures noires et coloriées.

281 **Rosa Bonheur** (d'après). La vallée du Cantal. — Bruyères des Pyrénées. — Prairies normandes, etc. 11 pièces.

282 — 40 pièces lithographiées et gravées d'après ses principaux tableaux.

283 **Ph.** et **Th. Rousseau.** 42 pièces lithographiées.

284. **Ary Scheffer** (par et d'après). 159 pièces dont plusieurs lithographiées par ce maître.

285 **Ary Scheffer** (d'après). Mignon regrettant sa patrie (2 épreuves). — Le Présent de Faust (2 épreuves), etc. 6 pièces gravées par A. Louis, H. Garnier et autres.

286 **Tomkins** et **Duthé.** Les Adieux de Louis XVI à sa famille. — Apothéose de Louis XVI, etc. 10 pièces relatives à l'histoire de la Révolution française.

287 **Traviès.** 90 pièces lithographiées, la plupart pour le journal la Caricature.

288 **Troyon** et **Ramelet** (par et d'après). 20 pièces gravées et lithographiées.

289 **Turner** et **V. Adam.** Chasse au renard, nature morte et études de fleurs. 15 pièces.

290 **Turpin de Crissé.** Souvenirs du vieux Paris. 30 pièces lithographiées, avec le texte.

291 **Carle Vernet.** Les Cris de Paris. — Portraits et Costumes, études de chevaux, etc. 216 pièces lithographiées formant la majeure partie de son œuvre.
(Cet article sera divisé en 2 lots.)

292 **Carle** et **Horace Vernet** (par et d'après). Batailles. — Portraits. — Sujets divers. 25 pièces.

293 **Horace Vernet.** 130 pièces lithographiées. Plusieurs sont avant la lettre.
(Cet article sera divisé en 2 lots.)

294 **Horace Vernet** (par et d'après). La Redoute. La Malle-Poste. — A Stage Coach. — La Vie de Napoléon, d'Arnaud. — La Vie d'un soldat. — Portraits et Sujets. 55 pièces lithographiées et gravées.
(Cet article sera divisé en 3 lots.)

295 **H. Vernet** et **Hypp. Lecomte** (par et d'après). Mort de Poniatowski. — Portrait du général Quiroga, etc. 16 pièces lithographiées.

296 **Horace Vernet** (d'après). Merveilleuses et costumes de modes de 1815. 50 pièces coloriées.

297 — Lithographies d'après les tableaux et dessins de ce maître. 84 pièces.

298 — Gravures sur acier et sur bois pour l'ouvrage dit la galerie de Versailles, pour différents salons et publications illustrées. Environ 100 pièces.

299 — 22 pièces lithographiées d'après les tableaux d'H. Vernet, qui faisaient partie de la galerie du Palais-Royal.

300 **H. Vernet**, **Heim** et **Scheffer**, (d'après). 27 pièces lithographiées d'après les tableaux de la galerie du duc d'Orléans.

301 **Joseph Vernet.** Marines et Paysages. 45 pièces.

302 **Vignettes** par et d'après Moreau, Eisen, Marillier, Cochin, Freudeberg, Monnet, Gravelot, Borel, Folkéma, Delaunay, d'Elvaux, Desenne, Devéria,

Johannot, Lefèvre, et autres. 3.820 pièces (dont 970 avant la lettre), pouvant servir à illustrer les auteurs classiques français et étrangers, anciens et modernes.

(Cet article sera divisé en 13 lots.)

303 **Watteau** (d'après) Les Amusements champêtres. — L'Ile de Cythère. — Le Naufrage. — Vue de Vincennes. — Le Repos champêtre. — Défilé de troupes, etc. 126 pieces.

304 **Watteau**, **Eisen**, **Coypel** et **Baudouin** (d'après). 35 pièces gravées par Lebas, Duflos et Lépicié.

305 **J.-G. Wille**, **Pérignon**, **Sarrasin**, **Demarteau**, **Leclerc** et **Bocquet**. 100 pièces gravées à l'eau-forte et dans la manière du crayon.

306 **Woollet** et **Vivarès**. La Tour enchantée et autres paysages d'après Claude Lorrain. 4 pièces.

307 Sous ce numéro seront vendus les articles non catalogués.

Renou et Maulde, imprimeurs de la Compagnie des Commissaires-Priseurs
rue de Rivoli, 144. 18822

www.ingramcontent.com/pod-product-compliance
Ingram Content Group UK Ltd.
Pitfield, Milton Keynes, MK11 3LW, UK
UKHW022142260726
13993UKWH00005B/2109

9 782329 523521